Marion Dawidowski

Fensterbilder
Frühling

AUGUSTUS

Inhalt

Material und Hilfsmittel

Alle Fensterbilder sind leicht nachzu-arbeiten und frühlingshaft bunt. Die neuen gemusterten Tonkartons setzen fröhliche Akzente. So macht sich in Ihrer Wohnung schnell Frühlingslaune breit. Die lustigen Hasen und Hühner wecken die Vorfreude auf das Osterfest.

In den Materiallisten zu den einzelnen Fensterbildern finden Sie genaue Farb-angaben, um das abgebildete Motiv nachzuarbeiten. Diese sollen Ihnen als Anregung dienen, natürlich können Sie die Muster- und Farbwahl nach Ihren persönlichen Vorstellungen abwandeln.

Folgende Materialien sollten Sie sich im Hobby-, Bastel- oder Schreibwaren-handel besorgen, sofern Sie diese nicht schon zu Hause haben:

Außerdem sollten Sie sich folgende Werkzeuge und Hilfsmittel zurechtle-gen, die Sie immer wieder benötigen:

Hilfsmittel
weicher Bleistift
harter Bleistift
Schere
kleine spitze Schere
Radiergummi
Locher
Nähnadel
Faden
farbloses Klebeband

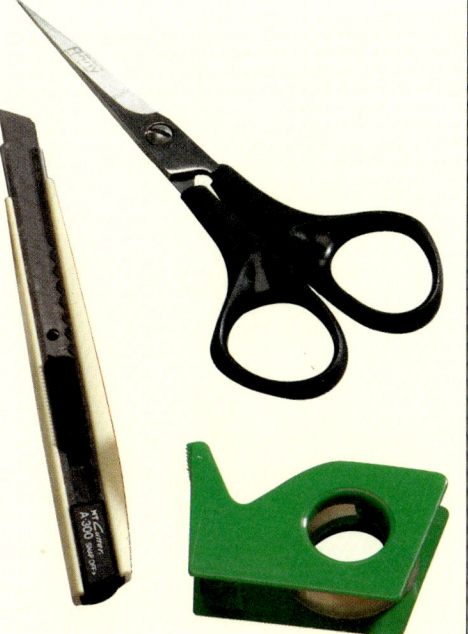

Material
Tonkarton in den gewünschten Farben
Tonkarton mit Pünktchen und Streifen
Strohseide in Weiß
Wellpappe
Transparentpapier
schwarzer Filzstift
weißer Gelstift
Klebstoff oder Klebestift

Weitere Materialien wie Perlen, Schlei-fenband etc. finden Sie in den jeweiligen Materiallisten.

3

Übertragen der Vorlagen

Das Übertragen der Vorlagen auf das jeweilige Papier ist ganz einfach.

① Transparentpapier auf das entsprechende Motiv legen und alle Einzelteile ohne Überschneidungen nachzeichnen.

② Das Transparentpapier auf der Rückseite mit dem weichen Bleistift schraffieren. Legen Sie das Transparentpapier nun auf den gewünschten Tonkarton –

Schraffur nach unten – und ziehen Sie alle Linien noch einmal mit dem harten Bleistift nach.

Möchten Sie einige Motive mehrfach oder mit Kindern herstellen, empfiehlt es sich, Schablonen anzufertigen. Kleben Sie das Transparentpapier mit den abgepausten Motivteilen auf dünnen Karton und schneiden Sie diese aus. Nun die Schablonen auf den Tonkarton legen und mit dem Bleistift die Umrisse nachzeichnen.

③ Alle Teile ausschneiden und Bleistiftspuren mit dem Radiergummi entfernen. Zum Ausschneiden der Motivteile ist eine gute Papierschere ausreichend, für enge Kurven benutzen Sie am besten eine kleine spitze Schere.

④ Kleben Sie die Motive entsprechend der Vorlage und der Abbildung zusam-

men. Möchten Sie die Motive auf Vorder- und Rückseite deckungsgleich arbeiten, benötigen Sie die meisten Teile in doppelter Anzahl. Diese werden auf der Rückseite spiegelverkehrt, aber in gleicher Reihenfolge aufgeklebt.

Wenn Sie das Fensterbild mit einem Faden aufhängen möchten, pendeln Sie es zwischen Daumen und Zeigefinger aus, bis es gerade hängt. An dieser Stelle stechen Sie mit der Nadel in den Karton und ziehen den Faden durch. Sie können das Fensterbild natürlich auch mit Klebeband am Fenster befestigen. Dazu verwenden Sie einfaches oder doppelseitiges Klebeband.

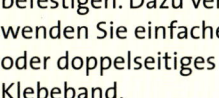

Käferfamilie

Vorlagenbogen Seite A

*Die niedlichen Käfer heißen Gäste herz-
lich willkommen.*

Das wird gebraucht

Tonkarton in Weiß, Grün, Hautfarben,
  Schwarz
Strohseide in Weiß
Wellpappe in Gelb
Pünktchenkarton »Marienkäfer«
  (Heyda)
Pluster-Pen in Gelb
Lederschnur in Schwarz
6 Perlen in Schwarz, 6 mm Durchmesser
Filzstift in Schwarz
Gelstift in Weiß
Fön

So wird's gemacht

Zwei Marienkäfer bekommen ihre Flügel
aus Strohseide und Pünktchenkarton
auf den Körper geklebt, der dritte Käfer
hat nur ein Flügelteil aus Pünktchenkarton.

Von dem Lederband schneiden Sie sechs-
mal 2,5 cm ab und befestigen jeweils an
einem Ende mit einem Tropfen Kleber

eine Perle. Die Fühler von der Rückseite an die Köpfe kleben und diese anschließend auf den Körpern fixieren. Die Gesichter mit Filzstift zeichnen.

Das gelbe Blüteninnenteil auf der weißen Blüte fixieren. Mit dem Pluster-Pen den Text auf die grünen Blätter schreiben, laut Herstellerangabe trocknen lassen und mit dem Fön aufplustern. Nun die Blüte auf die Blätter kleben und die Käfer platzieren. Abschließend die Augen mit dem Filzstift aufmalen und die Lichtreflexe mit dem Gelstift aufsetzen.

● Tipp ●

Befestigen Sie eine Kugelschreiberfeder mit einem Ende auf der Rückseite der Blüte und mit dem anderen auf den Blättern. Wird das Motiv z.B. an einer Tür befestigt, schaukelt die Blüte bei jedem Öffnen hin und her.

Gänserich

Vorlagenbogen Seite A

*Auch ein Gänserich hat Frühlings-
gefühle.*

● Tipp ●

Besonders hübsch sieht es aus,
wenn Sie mehrere bunte Schmetterlinge um den Gänserich herum-
flattern lassen.

Das wird gebraucht

Tonkarton in Weiß, Gelb, Hellorange, Blau
Regenbogen
Filzstift in Schwarz
Gelstift in Weiß

So wird's gemacht

Den Körper schneiden Sie aus
weißem Tonkarton und fixieren
den ebenfalls weißen Flügel darauf.
Das Schnabeloberteil aus gelbem
Tonkarton auf das hellorange
Schnabelunterteil kleben und am
Kopf befestigen. Die vier Teile für
die Schleife aus blauem Tonkarton
zusammenfügen und dem Gänserich um den Hals legen. Die Füße
setzen Sie von hinten an.

Den gelben Schmetterlingskörper
auf das blaue Flügelteil kleben.
Die Einzelheiten malen Sie mit
dem Filzstift, die Lichtreflexe mit
dem Gelstift.

Nun den Schmetterling oberhalb
des Gänserichs an der Fenster-
scheibe befestigen, so dass ein
Blickkontakt entsteht.

Gänsemutter

Vorlagenbogen Seite A

»Lauf nur nicht zu weit fort«, ermahnt die Gänsemutter ihr Kind.

Das wird gebraucht

Tonkarton in Weiß, Gelb, Hellorange,
  Rot
Filzstift in Schwarz
Gelstift in Weiß

So wird's gemacht

Aus weißem Tonkarton schneiden Sie die Körperteile der Gänsemutter und des Kindes aus. Beide bekommen ihre weißen Flügel aufgesetzt. Dem Gänsekind wird der gelbe Schnabel aufgeklebt und der gelbe Fuß von der Rückseite angesetzt. Das Küken steht vor der Gänsemutter.

Fixieren Sie den zweiteiligen Schnabel der Gänsemutter und setzen Sie ihr je ein Bein von hinten und eines von vorne an. Die »Schleifenbänder« werden auf der Rückseite des Kopfes befestigt, das längere dabei nach vorne über den Hals gelegt. Die dreiteilige Schleife kleben Sie auf das Bandende.

Auf der Rückseite des Kopfes den dreiteiligen Hut fixieren. Mit dem Filzstift die Einzelheiten und mit dem Gelstift die Lichtreflexe aufmalen.

Blumenwiese

Vorlagenbogen Seite A

Besonders im Frühling freut sich jeder über die ersten bunten Blumen.

Das wird gebraucht

Tonkarton in zwei Grüntönen, Weiß,
  Gelb, Rot, Rest Orange
Pünktchenkarton in Gelb-Rot,
  Rot-Gelb, Blau-Rot

So wird's gemacht

Die beiden Grasflächen (diese Vorlage finden Sie auf Seite B des Vorlagenbogens) leicht überlappend zusammenkleben. Die bunten Blüten mit ihren farblich passenden Innenteilen auf den Blütenstielen befestigen.

Ordnen Sie zunächst alle Blumen auf der Grasfläche an, bis Ihnen die Zusammenstellung gefällt. Nun alle sich überlappenden Stellen mit Kleber fixieren.

Die Blumenwiese an den großen Blüten am Fenster befestigen.

● Tipp ●

Mit den Bienen von Seite 14 können Sie eine ganze Fensterfläche frühlingshaft gestalten.

Schmetterlinge

Vorlagenbogen Seite A

*Lustig flattern diese Schmetterlinge
über Wände oder Fensterscheiben.*

Das wird gebraucht

Tonkarton in Hautfarben, Gelb,
Orange, Rot, Braun, Schwarz
Pünktchenkarton in Rot-Gelb,
Blau-Rot, Blau-Orange
Lederschnur in Schwarz
4 Perlen in Schwarz,
6 mm Durchmesser
Filzstift in Schwarz
Gelstift in Weiß

So wird's gemacht

Den schwarzen Kopf mit dem hautfar-
benen Gesichtsteil auf dem braunen
Körperteil fixieren.

Der große Schmetterling bekommt die
Flügel von hinten angesetzt, die Arme

kleben Sie auf den Körper. Dem zweiten Schmetterling befestigen Sie die Flügelteile, den Arm und die Beine auf dem Körper.

Die Muster der Flügel werden aus Pünktchenkarton geschnitten und auf den Flügeln fixiert.

Von der Lederschnur schneiden Sie für die Fühler vier 3 cm lange Stücke ab. Mit einem Tropfen Kleber befestigen Sie jeweils eine Perle an einem Ende der Schnurstücke. Die Fühler von hinten an den Köpfen der Schmetterlinge ankleben.

Mit dem Filzstift malen Sie die Gesichter und mit dem Gelstift zeichnen Sie die Lichtreflexe in die Augen .

Viele bunte Blumen

Vorlagenbogen Seite B

Endlich sind sie wieder da und setzen die ersten Farbtupfer.

Das wird gebraucht

Tonkarton in Weiß, Gelb, Rot, Blau, Grün
Filzstift in Schwarz
Buntstift in Grün

So wird's gemacht

Tulpe, Glockenblume, Margerite
Jeweils zwei grüne Blätter leicht überlappend zusammenkleben. Setzen Sie
den Blütenstiel von der Rückseite an.
Die Blüten auf den Blütenstielen platzieren. Die weiße Margerite bekommt
ein gelbes Blüteninnenteil. Mit dem
Filzstift die Blattadern zeichnen.

Schneeglöckchen
Setzen Sie das dreiteilige Grün zusam-
men und fixieren Sie die weißen Blüten
auf den Stielen. Das Schneeglöckchen
auf die Schneefläche kleben. Mit dem
grünen Buntstift die Einzelheiten der
Blüten malen.

Fleißige Bienen

Vorlagenbogen Seite B

*Sobald die Sonne etwas wärmer scheint,
sind auch die Honigsammler unterwegs.*

Das wird gebraucht

Tonkarton in Weiß, Gelb, Rot, Haut-
  farben, Braun, Schwarz, Grün
Streifenkarton in Gelb-Schwarz
Strohseide in Weiß
Filzstift in Schwarz
Gelstift in Weiß

So wird's gemacht

Eine Biene laut Vorlage, die zweite
seitenverkehrt arbeiten. Auf den ge-
streiften Körpern je einen Arm und ein
Bein befestigen. Den Kopf mit dem
Haarteil und den zwei Fühlern ansetzen.

Die Flügel aus Strohseide nur an den Spitzen festkleben. Eine Biene bekommt den zweiteiligen Honigtopf in die Hand. Die zweite Biene hält den Blumenstiel fest, an dessen Ende Sie die weiße Blüte (Vorlage von »Viele bunte Blumen«, Seite 13) mit dem gelben Innenteil aufkleben.

Das Gesicht mit dem Filzstift aufmalen, mit dem Gelstift Lichtreflexe zeichnen. Beide Bienen können Sie nun einzeln am Fenster befestigen.

Die Pflanze von hinten an den zweiteiligen Topf setzen. Die Wackelaugen auf den Blüten platzieren. Nase und Mund mit dem Filzstift malen.

Tulpen im Topf

Vorlagenbogen Seite B

Fröhlich lachen uns diese Frühlingsboten entgegen.

Das wird gebraucht

Tonkarton in Gelb, Rot, Grün, Hellbraun
4 Wackelaugen, 8 mm Durchmesser
Filzstift in Schwarz

So wird's gemacht

Verwenden Sie die Vorlage von »Viele bunte Blumen« (Seite 13) für die Tulpen, für die Blüten nur die Umrisse nachzeichnen.

Die Blätter überlappend aufeinander kleben und zwei Blütenstiele auf der Rückseite fixieren. Je eine rote und eine gelbe Blüte auf die Blütenstiele kleben.

Ein neuer Freund

Vorlagenbogen Seite B

Von so einem niedlichen Spielkameraden träumt wohl jedes Kind!

So wird's gemacht

Dem Pullover aus Streifenkarton setzen Sie das Haarteil von hinten an. Das Gesicht mit zwei Locherpunkten als Augen darauf platzieren.

Nun die Hose mit dem Schuh am Pullover befestigen. Den Arm mit der Hand kleben Sie auf den Pullover. Das Küken bekommt den orangen Schnabel und wird von der Rückseite angeklebt.

Mund und Nase mit dem Filzstift malen, mit dem Gelstift Lichtreflexe setzen.

Auf großer Fahrt

Vorlagenbogen Seite B

Die abenteuerlustige Maus Speedy geht in ihrem selbst gebauten Boot auf große Fahrt. Es gibt soviel zu entdecken!

Das wird gebraucht

Tonkarton in Gelb, Rot, Grün, Blau, Rosa, Grau, Schwarz
Filzstift in Schwarz
Gelstift in Weiß
Locher

So wird's gemacht

Den Körper und den Schwanz der Maus von hinten gegen die gelbe Eierschale kleben. Ein Ohr und einen Arm von der Rückseite ansetzen. Das rosa Innenohrteil, die Nase und einen Locherpunkt als Auge fixieren.

Kleben Sie die Maus mit dem Ei auf die Wasserfläche. Das Ei wird mit den grünen Tupfen verziert. Nun den zweiten Arm mit der roten Stange in der Hand aufkleben. Am Schwanz noch das zweiteilige Tuch befestigen. Mit Filzstift malen Sie den Mund und zeichnen mit dem Gelstift einen Lichtreflex auf die Nase und das Auge.

Der kleine Roboter

Vorlagenbogen Seite B

Bringt uns im Jahr 2000 der kleine Roboter die Ostereier?

Das wird gebraucht

Tonkarton in Gelb, Orange, Rot, Blau,
 2 Grüntöne
Wellpappe in Silber
2 Perlen in Gelb, 6 mm Durchmesser
Bindedraht
Filzstift in Schwarz
Gelstift in Weiß
Locher

So wird's gemacht

Auf der Grasfläche platzieren Sie die bunten Eier mit den Innenmotiven aus Wellpappe. Davor den kleinen Grünstreifen befestigen.

Der Kopf aus Wellpappe bekommt das blaue Gesicht mit der roten Nase. Die grünen Ohren setzen Sie von der Rückseite an, ebenso den gelben Hals. Für die Antennen den Bindedraht einige Male um einen Stift wickeln. Diese Spirale wird etwas flach gedrückt und von hinten am Kopf angeklebt. Die Perlen an den Enden der Antennen befestigen.

Der Kopf schaut hinter der Grasfläche hervor, die Hände aus Wellpappe fixieren Sie auf dem Gras. Zwei Locherpunkte setzen Sie als Augen auf. Augenbrauen und Mund noch mit dem Filzstift malen, mit dem Gelstift die Lichtreflexe auf Augen und Nase zeichnen.

Ein Küken geht in die Luft

Vorlagenbogen Seite C

Du bist aber mutig, kleines Küken! Komm wieder gesund nach Hause und erzähle uns von deinen Abenteuern!

Das wird gebraucht

Tonkarton in Weiß, Gelb, Orange, Rot, Grün
   Rest Tonkarton »Marienkäfer«
      Schleifenband kariert, 110 cm lang
Satinband gelb, 52 cm lang
Filzstift in Schwarz
Gelstift in Weiß

So wird's gemacht

Das Küken bestehend aus Körper, Kopf und zweiteiligem Schnabel schaut aus

der Eischale hervor. Die Augen und Augenbrauen malen Sie mit dem Filzstift, die Lichtreflexe mit dem Gelstift. Der zweiteilige Ballon bekommt einen gelben Flicken. Mit dem karierten Schleifenband jeweils um den Ballon und das Ei eine Schleife binden.

Mit zwei 26 cm langen Stücken des Satinbandes verbinden Sie den Ballon mit dem Ei. Den kleinen Marienkäfer befestigen Sie auf der Rückseite des Ballons. Nun noch ein grünes Fähnchen an das Satinband kleben und schon kann das Küken auf große Reise gehen.

Beim Eiersuchen

Vorlagenbogen Seite C

Hurra, ich habe ein Nest gefunden!

Das wird gebraucht

Tonkarton in Hautfarben, Weiß, Gelb,
  Rot, Blau, Grün, Hellbraun, Rest Schwarz
Filzstift in Schwarz
Gelstift in Weiß
Locher

So wird's gemacht

Das Haarteil von hinten an den
Körper setzen. Gesicht und Arm
befestigen Sie auf dem Körper.
Das Kind hinter dem Busch
platzieren, ein Schuh
schaut hervor.

Die beiden Hände auf dem Busch fixieren, ebenso zwei weiße Blüten mit
gelbem Innenteil (Vorlage von »Frohe
Ostern«, Seite 24). Das gelbe Nest mit
den zwei Eiern kleben Sie auf den
Busch.

Zwei Locherpunkte als Augen befestigen, Nase und Mund malen Sie mit dem
Filzstift. Nun bekommen die Augen
noch Lichtreflexe mit dem Gelstift.

Kleiner Bär

Vorlagenbogen Seite C

Noch nie habe ich so ein großes Osterei geschenkt bekommen! Ist es wirklich für mich allein?

Das wird gebraucht

Tonkarton in Hautfarben, Grün, Rot, Braun,
   Schwarz
Pünktchenkarton in Rot-Gelb
Filzstift in Schwarz
Gelstift in Weiß
Locher

So wird's gemacht

Der kleine Bär bekommt ein Ohr von der Rückseite angesetzt. Das Innenohrteil, die Nase und zwei Locherpunkte als Augen fixieren. Den Arm und das Bein am Körper aufkleben.

Das Ei mit dem Band und der zweiteiligen Schleife versehen. Nun geben Sie dem Bären das Ei in den Arm und setzen ihn auf das Grasbüschel (Vorlage von »Mutter Huhn«, Seite 30).

Mit dem Filzstift die Einzelheiten malen und mit dem Gelstift noch die Lichtreflexe zeichnen.

Hase im Farbtopf

Vorlagenbogen Seite C

Mein Ei ist das schönste! Wenn ihr mir nicht glaubt, dann versucht euch doch selbst im Eier malen!

Die Tropfen und Farbkleckse aus Pünktchenkarton aufkleben. Die Einzelheiten malen Sie mit dem Filzstift, für die Lichtreflexe auf Augen und Nase nehmen Sie den Gelstift. Stolz hält der Hase sein buntes Ei in der Hand.

Das wird gebraucht

Tonkarton in Hautfarben, Grau,
 Grün, Braun, Schwarz
Streifenkarton in Rot-Gelb
Pünktchenkarton in Rot-Blau
Filzstift in Schwarz
Gelstift in Weiß
Locher

So wird's gemacht

Dem Pullover aus Streifenkarton den Arm und den Hals an der Rückseite ankleben. Den Kopf mit den Innenohrteilen, der Nase und den Locherpunkten als Augen auf dem Hals fixieren.

Den Hasen auf den Farbtopf kleben und den grünen Rand platzieren. Die einzelne Hand aufkleben und den Griff am Farbtopf anbringen (diesen teils von vorne und teils von der Rückseite ankleben).

Frohe Ostern

Vorlagenbogen Seite C

Die beiden kleinen Häschen freuen sich und wünschen Groß und Klein ein frohes Osterfest.

Das wird gebraucht

Tonkarton in Weiß, Gelb, Grün, Braun, Hautfarben
Satinband, 3 mm breit, 60 cm lang
Filzstift in Schwarz
Gelstift in Weiß, Pluster-Pen in Rot und Gelb
Fön

So wird's gemacht

Die beiden Häschen aus braunem Tonkarton bekommen je ein Ohr und ein weißes Schwänzchen von der Rückseite angesetzt. Die Innenohrteile fixieren. Auf den Grasbüscheln sitzend halten die beiden das Schild mit den Pfoten fest.

Tragen Sie den Schriftzug mit dem Pluster-Pen auf. Die Farbe nach Herstellerangabe trocknen lassen und mit dem Fön aufplustern. Die Einzelheiten der Häschen mit dem Filzstift malen, die Lichtreflexe mit dem Gelstift zeichnen.

Von dem Satinband ein Stück von 36 cm abschneiden und je ein Ende von hinten an einen Hasenkopf kleben. Das Motiv an dem Band mit zwei Fingern ausbalancieren und an dieser Stelle die restlichen 24 cm Band zur Schlaufe gelegt aufkleben.

Das Satinband noch mit den zweiteiligen Blüten verzieren.

Hasensport

Vorlagenbogen Seite C

So halten sich die Osterhasen für das anstrengende Osterfest fit.

Das wird gebraucht

Tonkarton in Weiß, Hautfarben,
  Braun, Rest Schwarz
Streifenkarton in Blau-Grün
Filzstift in Schwarz
Gelstift in Weiß
Locher

So wird's gemacht

Auf dem Hasenkörper den Kopf und die Hose platzieren. Das rechte Ohr von der Rückseite einzeln ansetzen und die Innenohrteile aufkleben. Die Nase und zwei Locherpunkte als Augen fixieren.

Den Hasen von hinten am Körper des Schafes befestigen und nun die Arme aufkleben. Den Kopf des Schafes mit den beiden Ohren und dem Fellbüschel auf dem Körper platzieren. Die Beine setzen Sie von der Rückseite an.

Mit dem Filzstift zeichnen Sie die Einzelheiten und setzen mit dem Gelstift noch Lichtreflexe.

Hase Hannibal

Vorlagenbogen Seite D

*Ob Hannibal es fünf Minuten aushält,
die Riesenmöhre zu stemmen?*

So wird's gemacht

An der Rückseite des gepunkteten
Pullovers befestigen Sie Arme, Hals und
Hose. Die Füße von hinten an den
Hosenbeinen ankleben.

Das wird gebraucht

Tonkarton in Hautfarben, Grün, Orange,
  Braun, Rest Schwarz
Pünktchenkarton in Rot-Gelb
Streifenkarton in Blau-Grün
Naturbast
Filzstift in Schwarz
Gelstift in Weiß
Locher
Stopfnadel

Die Möhre mit dem Kraut fixieren Sie
an den Händen. Den Kopf am Hals befestigen. Die Innenohrteile, die Nase
und zwei Locherpunkte für die Augen
platzieren.

Die Einzelheiten malen Sie mit dem
Filzstift und zeichnen Lichtreflexe mit
dem Gelstift auf. Nun noch einzelne
Bastfäden mit der Stopfnadel durch den
Tonkarton ziehen und mit der
Schere auf Länge schneiden.

Osterkranz

Vorlagenbogen Seite D

*Dieser Kranz schmückt
Ihre Tür und wer eintritt,
wird an Osterglocken
unter einem strahlend
blauen Frühlingshimmel
erinnert.*

So wird's gemacht

Auf den blauen Kranz die
dreiteilige Schleife aus gelbem Tonkarton und Pünkt-
chenkarton aufkleben.

Die gelben Band-
segmente gleich-
mäßig verteilen und
das Motivteil der Bandenden
platzieren.

Die bunten Eier setzen Sie laut Foto
in den Kranz. Nun fixieren Sie die vier
grünen Blätter und setzen die beiden
Blüten mit ihren gelben Innenteilen
dazu.

Frau Huhn

Vorlagenbogen Seite D

Auch ein Regenschauer gehört zum Frühling. Gut, wenn man wie Frau Huhn so einen hübschen Regenschirm dabei hat.

So wird's gemacht

Das Huhn bekommt den Kamm und einen Stiefel von hinten angeklebt. Die übrigen Teile werden auf der Vorderseite platziert. Den Schirmstock hält es mit dem gepunkteten Flügel fest.

Fixieren Sie einen Locherpunkt als Auge. Mit dem Gelstift den Lichtreflex aufmalen. Der Schirm mit dem Segment aus Streifenkarton bekommt noch ein paar Regentropfen aufgeklebt. Mit ihren Gummistiefeln steht das Huhn in einer großen Pfütze (Vorlage von »Auf großer Fahrt«, Seite 17).

Mutter Huhn
Vorlagenbogen Seite D

Oh weh, oh weh, wie sehen denn meine Kinder aus? Sie sind schon ganz blass vom Schaukeln.

So wird's gemacht

Der weiße Körper von Frau Huhn bekommt eine gepunktete Halskrause. Den Kopf schieben Sie zwischen Hals und Flügel und fixieren ihn. Zwei Locher-punkte als Augen und die übrigen Details am Kopf befestigen. Das Huhn und eine Eischale auf die Grasfläche kleben.

In der zweiten Eischale sitzt ein gepunktetes Küken. Die übrigen drei Küken aus gemustertem Tonkarton bekommen farblich passende Flügel. Nun noch die Schnäbel fixieren und Einzelheiten mit dem Filzstift malen. Mit dem weißen Gelstift zeichnen Sie Lichtreflexe in die Augen.

Zum Schluss hängen Sie die Küken mit Nähgarn an die Grasfläche.

Die Deutsche Bibliothek – CIP-Einheitsaufnahme

Fensterbilder Frühling : mit Vorlagenbogen / Marion Dawidowski. – München : Augustus-Verl., 2000
(Ideenkiste : Basteln)
ISBN 3–8043–0700–0

Jede gewerbliche Nutzung der Arbeiten und Entwürfe ist nur mit Genehmigung von Verfasserin und Verlag gestattet.

Fotografie: Klaus Lipa, Diedorf bei Augsburg
Arbeitsfotos Seite 4/5: Marion Dawidowski
Lektorat: Cornelia Schenk, Augsburg
Umschlagkonzeption: Kontrapunkt, Kopenhagen
Umschlaglayout: Angelika Tröger
Reihenkonzeption: Kontrapunkt, Kopenhagen
Layout: Anton Walter, Gundelfingen

AUGUSTUS VERLAG, München 2000
© Weltbild Ratgeber Verlage GmbH & Co. KG.

Satz: Gesetzt aus 9,5 Punkt The Sans von DTP-Design Walter, Gundelfingen
Reproduktion: GAV Prepress, Gerstetten
Druck und Bindung: Offizin Andersen Nexö, Leipzig

Gedruckt auf 135 g umweltfreundlich chlorfrei gebleichtes Papier.

ISBN 3–8043–0700–0

Printed in Germany